PUBLIKATIONEN DER TÜRKISCHEN RELIGIONSSTIFTUNG / 55

UNSER HODSCHA NASREDDIN

Aus dem Türkischen übersetzt von

H. Achmed Schmiede

Ehrendoktor der Staatlichen Universität Baku

Illustrationen: Mustafa Delioğlu

ANKARA / TÜRKEI
2010

Unser Hodscha Nasreddin

Blumen und Bäume, die man verpflanzt, gedeihen am neuen Platz nur, wenn man ihren Wurzeln einen Ballen Muttererde läßt. Wenn Menschen ihren angestammten Kulturkreis verlassen und in einem fremden Land ansässig werden, dann bringen sie ihre heimischen Sitten und Bräuche, Überlieferungen und Wertvorstellungen mit, die ihnen das Überleben in ungewohntem geistigem Klima ermöglichen: ihre Religion, ihre Speisegewohnheiten, ihre Lebensweise, ihre Märchen und Anekdoten.

So auch die Türken, die in diesem Land Bürger - wenn auch nicht immer Staatsbüger - geworden sind. In unseren Städten sind viele hundert Moscheen entstanden - wobei allerdings nur sehr wenige rein äußerlich unseren Vorstellungen von einer Moschee entsprechen. Achten wir einmal darauf: auf verlassenen Hinterhöfen, in alten Fabrikgebäuden, ehemaligen Garagen, in umgebauten Ladengeschäften und Baracken wurden Gebetsräume eingerichtet und - mit den Namen der weltberühmten heimischen Moscheen benannt: Sultan Ahmed, Selimiye, Aya Sofya, Süleymaniye usw. Dort im wahrsten Sinne des Wortes himmelstürmende, majestätische Dome, die eines Michelangelo, eines Leonardo da Vinci würdig wären - hier meist ärmliche, vom Moder des Verfalls behaftete dunkle Räume. Aber die Übernahme der großen Namen bedeutet ja keinen Anspruch. Dahinter wird vielmehr der zu Herzen gehende Wunsch spürbar, in der Fremde einen Hauch Heimat atmen zu können.
Eine Handvoll Heimat, das sind unter vielem anderem auch die Schwänke des Hodscha Nasreddin - oder wie die Türken sagen: Nasreddin Hoca. Wie der deutsche Spaßvogel Till Eulenspiegel ist auch Hodscha Nasreddin eine historische Gestalt, ein wahrer Volksheld. Wie alle echten Volkshelden kämpft er nicht mit dem Schwert, sondern mit der Waffe eines scharfen Verstandes und einer spitzen Zunge, ein Beschützer der Armen und gefürchteter Kritiker der Reichen.

Hodscha - d.h. geistlicher Lehrer - Nasreddin ist nach den wenigen vorhandenen Überlieferungen im Jahre 605 der Hidschra, der Auswanderung des Propheten Muhammed von Mekka nach Medina, (umgerechnet 1208-09 nach Christus) in Hortu bei Sivrihisar in Anatolien geboren und im Jahre 683 der Hidschra (1284-85 n. Chr.) in Akşehir gestorben. Er soll ein oder zwei Frauen, zwei Töchter und einen Sohn gehabt haben. Viel mehr ist uns nicht bekannt und selbst das wenige steht auf tönernen Füßen. Lange Zeit waren sich die Historiker sogar über den Geburtsort Nasreddin's uneinig. Das spiegelt sich in folgender kleinen Begebenheit wider:

Im Jahre 1973 hielt ich mich zu den Feierlichkeiten zur 600. Wiederkehr des Geburtstages des bedeutenden turksprachigen Dichters und Mystikers Seyyid Imadeddin Nesimi in der aserbaidschanische Hauptstadt Baku auf. Zwischen zwei Veranstaltungen saßen wir, d.h. Gäste aus der Türkei, aus Europa und Mittelasien beim Tee im Foyer unseres Hotels bei angeregter Unterhaltung. Irgendwie kam die Rede auf Hodscha Nasreddin, den die Aserbaidschaner Molla Nasreddin und die Uzbeken Nasreddin Apandi (Efendi) nennen. Ein türkischer Gast berichtete stolz, er habe nunmehr herausgefunden, wo Nasreddin Hoca wirklich geboren worden sei, und stellte der Runde mit wichtiger Miene die rhetorische Frage, ob man sich wohl vorstellen könne, wo das gewesen sei. Ein anwesender junger Literaturwissenschaftler aus Turkmenien, der sich bis dahin bescheiden zurückgehalten hatte, erwiderte zu unserer Verwunderung unter einem feinen Lächeln mit "Ja!". Als der Freund aus der Türkei sich nun erkundigte, wo denn wohl, sagte der Turkmene: "In unserem Dorf!"

Es ist wirklich nicht wichtig, wo genau Volkshelden wie Hodscha Nasreddin geboren worden sind und gewirkt haben. Nasreddin ist der Person gewordene türkische Volkscharakter, der Lebenskünstler schlechthin. Damit ist Nasreddin das gemeinsame Eigentum aller türkischsprechenden Völkerschaften zwischen Südosteuropa und dem Nordosten Sibiriens, vom frostigen Tatarien und Baschkirien bis hinunter ins glutheiße Schiraz.

Und darüberhinaus geht es ihm wie Till Eulenspiegel: er hat seit langem Eingang in die Weltliteratur gefunden. Damit ist er nicht mehr nur Volksheld der Türken allein, sondern auch

Unser Hodscha Nasreddin!

H. Achmed Schmiede

Den Esel verkehrt bestiegen

Eines Tages hatte der Hodscha seinen Esel verkehrt herum bestigen, sodaß er mit dem Gesicht nach rückwarts blickte. Leute, die ihm unterwegs begegneten, fragten ihn: "Hodscha, warum reitest du denn verkehrt herum?"
Der Hodscha erwiderte:
"Damit ich nicht sehe,
daß ich die gleiche Richtung
habe wie der Esel".

Wer bezahlt, der darf auch pfeifen

Eines Tages, als der Hodscha im Begriff war, zum Markt zu reiten, umringten ihn die Kinder und bestürmten ihn:
"Hodscha, kauf uns eine Trillerpfeife! Hodscha, kauf uns eine Trillerpfeife!"

Dabei gab eines der Kinder dem Hodscha Geld, wobei es artig fragte:
"Hodscha, würdest du mir bitte eine Trillerpfeife mitbringen?"
Der Hodscha, um die Kinder nicht zu kränken, sagte zu allen:
"Ja, gut, mache ich".
Abends aber, bei der Heimkehr vom Markt, standen die Kinder am Wegrand und warteten auf den Hodscha. Dieser zog eine Pfeife hervor und reichte sie dem Jungen, der ihm das Geld mitgegeben hatte. Als nun die Anderen schrien:
"Hodscha, wo sind denn unsere Trillerpfeifen?" versetzte er:
"Ja, Kinder, so ist das nun einmal: wer bezahlt, der darf auch pfeifen".

Kein Grund zur Heiterkeit

Eines Tages kam der Hodscha auf Esels Rücken des Weges geritten, als das Tier plötzlich scheute und den Hodscha, der gerade ein Nickerchen machte, abwarf.
Einige Leute, die das mit ansahen, brachen in Gelächter aus.

Der Hodscha aber meinte lässig:
"Was gibt's da schon zu lachen?
Ich wollte sowieso absteigen".

Ein schweres Kleidungsstück

Einmal fragten die Nachbarn den Hodscha:
"Hodscha, was war das denn heute nacht für ein Lärm bei dir? Ist etwas passiert?"
Der Hodscha: "Ach nein, mein Kaftan ist nur die Treppe hinuntergefallen".
Die Nachbarn zweifelten:
"Aber, Hodscha, ein Kaftan kann doch nicht solch einen Krach machen!"
Darauf der Hodscha:
"Doch - wenn ich drinstecke schon!"

Wie man Minarette baut

Der Hodscha war mit einem Bekannten von Akşehir nach Konya geritten. Dieser Bekannte war ein ebenso ungebildeter wie vorwitziger Mensch. Beim Anblick eines Minarettes fragte er den Hodscha:
"Hodscha, wie machen die bloß diese Minarette?"
Der Hodscha:
"Das weißt du nicht? Sie stülpen einfach einen Brunnen nach außen um".

Jahreszeiten

"Seltsame Wesen sind die Menschen", sagte ein Mann zum Hodscha. "Kommt der Sommer, klagen sie über die Hitze. Ist der Winter da, jammern sie über die Kälte".
"Sei still, Dummkopf!" versetzte der Hodscha. "Sagt vielleicht jemand etwas gegen Frühling und Herbst?"

Sind die Fische weg...

Eines Tages ging der Hodscha zum Akşehir-See, um ein paar Fische zu fangen.

Nun mochten die Kinder von Akşehir ihren Hodscha zwar sehr gern; ebenso gern aber spielten sie ihm einen Streich. Sie schlichen sich also unbemerkt heran und nahmen jeden Fisch weg, sobald der Hodscha ihn gefangen und in den Korb gelegt hatte.

Als der Hodscha nach einer Weile bemerkte, daß der Korb leer war, wußte er, daß die Kinder ihn wieder einmal geprellt hatten. Er ließ sich aber nichts anmerken, sondern stand auf, warf den Korb im hohen Bogen in den See, und sagte:
"Lieber See, die Fische sind weg - hier hast du den Korb!"

Die schmutzige Krähe

Eines Tages begab sich der Hodscha mit seiner Frau an das Seeufer, um dort Wäsche zu waschen. Kaum hatten sie mit ihrer Arbeit begonnen, da kam eine Krähe daher, schnappte sich die Seife mit dem Schnabel und flog davon.
Die Frau rief dem Hodscha zu:
"Schnell, Efendi! Die Krähe hat die Seife gestohlen!"
Der Hodscha blieb gelassen sitzen:
"Laß es gut sein, Frau! Siehst du nicht, wie schwarz sie ist? Die braucht die Seife dringender als wir!"

Des Esels Kopf

Man hatte dem Hodscha das Halfter seines Esels gestohlen. Der Hodscha schaute sich überall um, fragte hier, erkundigte sich dort, konnte aber nichts herausfinden.

Notgedrungen mußte er den Esel an den Ohren heimführen.
Am Tag darauf erblickte er das Halfter am Kopf eines anderen Esels.
''Ei!'' wunderte er sich. ''Das Halfter am Kopf dieses Esels ist unser Halfter. Aber wo ist der Kopf des Esels?''

Wo ist die Katze?

Da Hodscha Nasreddin -wie alle Türken- für sein Leben gern Fleischspeisen aß, hatte er beim Metzger hereingeschaut und eine Okka Fleisch nach Hause mitgebracht.

Im Verlaufe des Tages waren dann die Frauen aus der Nachbarschaft zu Besuch gekommen, und da des Hodschas Frau sehr gastfreundlich war, wollte sie ihnen etwas anbieten und setzte ihnen daher das Gericht vor, das sie aus dem Fleisch bereitet hatte.

Am Abend kam der Hodscha nach Hause, freute sich auf das Fleischgericht und nahm mit einem Riesenappetit und voller freudiger Erwartung platz. Wenig später erschien seine Frau und setzte ihm eine Schüssel mit Tarhana-Suppe vor. Enttäuscht und ärgerlich fragte der Hodscha:

"Wo bleibt denn die Fleischspeise?"

Ein bißchen traurig und ein bißchen aufgeregt erwiderte die Frau:

"Ach, frag mich nicht, Efendi: das Fleisch hat unsere Katze gefressen!"

Auf dieses Wort wurde der Hodscha erst richtig zornig. Er blickte zu der Katze hin, die zusammengerollt in einer Ecke lag und schlief - ein abgemagertes Tier, fast nur Haut und Knochen.
"Frau", sagte der Hodscha. "Wie ist das: diese Katze hat das Fleisch gefressen?"
"Ja, Hodscha", antwortete die Frau. "Dieses Vieh hat das Fleisch gefressen!"Aufgebracht langte der Hodscha zur Waage und wog die Katze darauf. Und was wog diese? Genau eine Okka! Jetzt war dem Hodscha alles klar, er wußte auch nicht mehr, worüber er sich noch ärgern sollte.
"Also Frau", sagte er. "Diese Katze hier wiegt eine Okka. Wenn das das Fleisch ist - wo ist dann unsere Katze? Und wenn das unsere Katze ist - wo ist dann das Fleisch?"
Nun lachten sie beide über die Sache und setzten sich friedlich an ihre Suppe.

Okka = altes türkisches Gewicht, entspricht 1283 g.

Ein Linkshänder

Eines Tages war der Hodscha im Begriff, mit einer Karawane auf Reisen zu gehen. Da man ihm das Pferd von der falschen Seite an den Steigstein geführt hatte, sah der Hodscha sich nach dem Aufsteigen mit dem Gesicht nach hinten auf dem Tier sitzen.
"Aber Hodscha!" riefen die Anwesenden. "Wie kann man nur verkehrt aufsteigen!"
Der Hodscha bemerkte jetzt, daß man ihn genasführt hatte und lachte:
"Aber nein - das Vieh ist ein Linkshänder!"

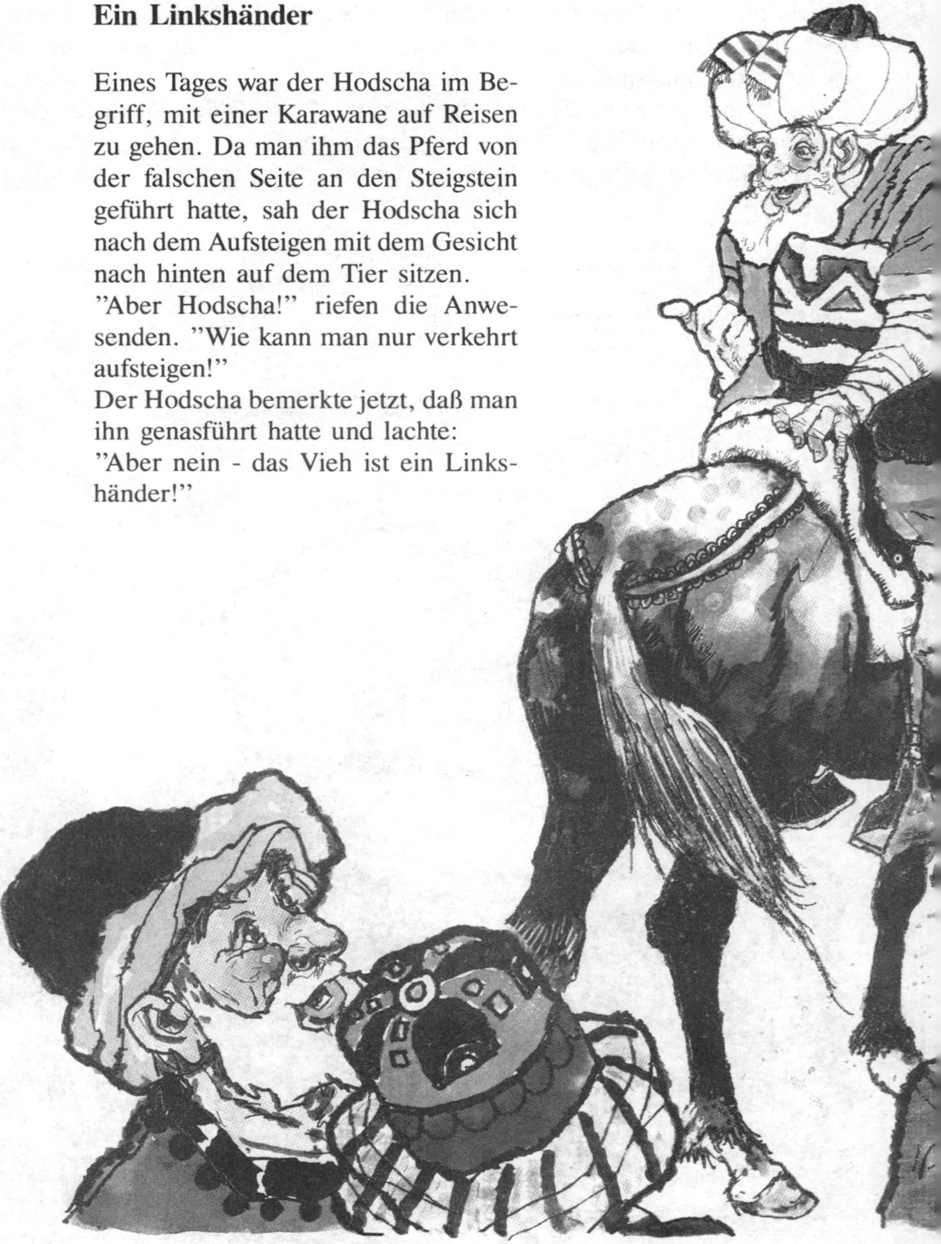

Wer nicht will, der will eben nicht

Ein Nachbar des Hodscha hatte die unangenehme Angewohnheit, ein ums andere Mal beim Hodscha zu erscheinen, sich etwas auszuborgen und dann in Vergessenheit geraten zu lassen. Über diese Unart des Nachbarn ärgerte der Hodscha sich gewaltig, brachte es aber einfach nicht fertig, dessen Wünsche abzuweisen.
Eines Tages erschien der Mann wieder einmal und sagte:
"Hodscha, meine Frau hat gerade große Wäsche. Würdest du uns wohl eure Wäscheleine borgen? Ich bringe sie in ein paar Stunden zurück".
Der Hodscha sagte:
"Ich will einmal nachsehen", und zog sich ins Haus zurück. Nach einer Weile kam er wieder und sagte:

"Lieber Nachbar, die unsrigen haben Mehl auf diese Leine gehängt".
Verwundert und auch böse darüber, das man ihn für dumm verkaufen wollte, grollte der Mann:
"Na hör mal, Hodscha, wer hängt denn Mehl auf die Leine?"
"Nun", war die Antwort. "Wenn man sie nicht hergeben will, dann hängt man Mehl daran auf oder meinetwegen auch Teig".

Gott weiß es

Der Hodscha wurde eines Tages von einem Freund zum Abendessen eingeladen, dem er schon viel Gutes erwiesen hatte. Dieser Freund war aber für seinen Geiz allseits bekannt, sodaß der Hodscha sich zunächst über diese Einladung wunderte. Schließlich sagte er sich aber: Als Muslim soll man einer Einladung Folge leisten. Ich werde also hingehen. Mal sehen, was dabei herauskommt.

Er begab sich also in die Wohnung seines Freundes, wo man zunächst eine Weile wortlos herumsaß, bis der Freund schließlich ein wenig Sahne, Brot und eine Schale mit Honig auf den Tisch stellte.
Der Hodscha aß zuerst Sahne und Brot. Dann löffelte er den Honig. Als er schließlich noch mit dem Finger die Schale auswischte, meinte der Freund: "Na, Hodscha, von purem Honig bekommt man aber einen sauren Magen".
Der Hodscha ließ dieses Stichwort nicht ungenutzt:
"Lieber Freund", versetzte er. "Wer hier saurer ist, mein Magen oder ich - das weiß Gott allein!"

Auch Irrsinn hat seine Grenzen

Eines Tages schleppte der Hodscha einen Sack Weizen zur Mühle, um das Korn mahlen zu lassen. Geringschätzig ließ der Müller den Hodscha mit seinem einen Sack stundenlang warten und fertigte die Bauern ab, die nach dem Hodscha gekommen waren.

Dem wurde das schließlich zu bunt und er beschloß, dem Müller, der dafür bekannt war, daß er arme Leute schlecht behandelte, eine Lehre zu erteilen. Er fing also an, aus dort stehenden Säcken mit fertig gemahlenem Mehl mit den Händen seinen eigenen Sack zu füllen. Das sah der Müller von weitem und kam herbeigerannt:

"Was machst du denn da, Mann?" schrie er.

Der Hodscha in aller Gemütsruhe:

"Ich bin ein Irrer, was weiß denn ich, was ich mache?"

"Wenn du irre bist, warum nimmst du dann nichts aus deinem Sack, um es in andere Säcke zu tun?"

"Mein Lieber", erwiderte der Hodscha. "So verrückt bin ich nun auch wieder nicht!"

Nichts besonderes

In einer kalten Winternacht wurde der Hodscha plötzlich durch Lärm geweckt. Vor seiner Tür trugen zwei Männer einen Streit aus. Der Hodscha stand auf. "Hodscha", sagte seine Frau. "Was geht dich das an. Leg dich wieder hin!"
Der Hodscha aber hörte nicht auf sie, nahm die Steppdecke um die Schultern und trat unter die Tür:
"He, Leute! Was soll der Krach mitten in der Nacht? Ihr werdet noch die ganze Straße wachmachen. Das gehört sich doch nicht".

In diesem Augenblick trat einer der Streithähne auf den Hodscha zu, riß ihm die Steppdecke weg und rannte damit davon. Der andere nutzte die Gelegenheit und verschwand in eine andere Richtung. Ärgerlich und vor Kälte schlotternd trat der Hodscha ins Haus.
"Was war denn los, Efendi? Worum haben die sich gestritten? Ich habe ja so einen Schreck bekommen!"
"Leg dich nur wieder hin, Frau", antwortete der Hodscha. "Es ging um meine Steppdecke. Decke weg - aus der Schreck".

Die richtige Richtung

Ein ausgesprochener Faselhans fragte eines Tages den Hodscha:
"Hodscha, wenn ich am Seeufer die Gebetswaschung mache, in welche Richtung muß ich mich dabei wenden?"
Der Hodscha lachte:
"Am besten mit dem Gesicht nach dort, wo du deine Jacke abgelegt hast".

Glück gehabt

Die Frau des Hodschas hatte dessen Hemd gewaschen und zum Trocknen auf die Leine gehängt. Wenig später kam ein Windstoß und das Hemd fiel zu Boden. Der Hodscha, der das von der Veranda aus beobachtet hatte, rief aus:

”Mein Gott, das ist ja gerade nochmal gut gegangen. Jetzt muß ich wirklich aus Dank ein Tieropfer bringen”.
”Warum denn ein Opfer bringen?” wollte die Frau wissen.
”Hast du das denn nicht gesehen, Frau? Wenn ich nun in dem Hemd gesteckt hätte?”

Man kann nie wissen…

Eines Tages sah man den Hodscha am Ufer den Akşehir-Sees sitzen, wie er mit einem großen Löffel aus einem Gefäß Joghurt schöpfte, in den See schüttete und dann das Wasser umrührte.
Das sahen einige Leute, die dort vorüberkamen. Sie fragten ihn: "Was machst du denn da, Hodscha?"
Der Hodscha antwortete, indem er eifrig weiter schöpfte und rührte:
"Nichts besonderes, Ihr Leute. Ich setze Joghurt an".
Die Leute lachten und sagten:
"Hodscha, du bist wirklich köstlich! Glaubst du etwa, der See würde die Hefe aufnehmen und zu Joghurt werden?"
"Das weiß ich auch, daß er das nicht tun wird. Aber stellt Euch bloß mal vor, es klappt trotzdem!"

Befehl ist Befehl

Eines Nachts forderte die Frau des Hodscha diesen auf:
"Geh mal ein Stück weg von mir".
Der Hodscha stand auf, zog sich an, ging aus dem Haus und marschierte munter darauflos. Unterwegs begegnete ihm ein Bekannter, der ihn fragte:
"Nanu, Hodscha, wohin gehst du denn in aller Herrgottsfrühe?"

Der Hodscha antwortete:
"Lieber Freund, das weiß ich auch nicht. Aber geh doch einmal bei meiner Frau vorbei und frage sie, ob ich noch weitergehen soll!"

Dieb bleibt Dieb

Eines Tages trifft der Hodscha Vorbereitungen für eine Reise in eine andere Stadt. Bevor er sich auf den Weg macht, nimmt er seine Axt und schließt sie sorgfältig in den Schrank. Seine Frau fragt ihn:
"Efendi, vor wem versteckst du denn die Axt?"

"Vor wem wohl, Frau?" versetzt der Hodscha. "Vor der Katze natürlich".
"Was?" wundert sich die Frau. "Vor der Katze? Was soll die denn mit einer Axt anfangen?"
"Kann man's wissen?" antwortet der Hodscha. "Wer im Stande ist, für zwei Silberlinge Leber zu stehlen, der stiehlt eine Axt, die vierzig Silberlinge wert ist, erst recht!"

Herzliches Beileid

Der Hodscha pflegte mit seinen lieben Nachbarn die verschiedensten Späßchen zu treiben. Eines Tages borgte er sich bei seinem Nachbarn einen Kessel. Als er ihn nicht mehr benötigte, setzte er einen kleineren Topf in diesen hinein und brachte beide dem Nachbarn.
"Nanu, Hodscha", wunderte sich der Nachbar. "Was hat das zu bedeuten?"
"Herzlichen Glückwunsch, lieber Nachbar!" sagte der Hodscha. "Euer Kessel muß schwanger gewesen sein. Während er sich bei uns befand, hat er einen Topf zur Welt gebracht".
Der Nachbar nahm Kessel und Topf wortlos entgegen. Nachdem einige Zeit vergangen war, bat der Hodscha den Nachbarn wieder einmal um den Kessel. Dieser lieh ihn auch her, weil er gespannt war, was der Hodscha wohl diesmal bei der Rückgabe hineinlegen würde. Lange Zeit hörte der Nachbar nichts von seinem Kessel. Schließlich klopfte er beim Hodscha und verlangte ihn zurück.

Der Hodscha machte ein betrübtes Gesicht:
"Ach, lieber Nachbar", sagte er. "Herzliches Beileid. Euer Kessel hat das Zeitliche gesegnet".
"Was?" wunderte sich der Nachbar. "Kann ein Kessel denn sterben?"
"Nachbar, Nachbar!" drohte der Hodscha neckisch mit dem Finger. "Daß der Kessel ein Kind gekriegt hat, hast du geglaubt. Und daß er gestorben ist, willst du nicht glauben?"

Eingeholt

Schon in seiner Kindheit soll Nasreddin ein rechter Spaßvogel gewesen sein. Einmal fragte ihn ein Bekannter:
"Wer ist eigentlich älter: du oder dein Bruder?"
"Bei Allah", versetzte Nasreddin. "Im letzten Jahr hat meine Mutter behauptet, er sei ein Jahr älter als ich. Aber in diesem Jahr sind wir beide gleich alt".

Vorbeugen ist besser...

Eines Tages drückte der Hodscha seinem Sohn einen Krug in die Hand und forderte ihn auf:
"Los, geh Wasser holen! Aber daß du den Krug nicht zerbrichst!" Sprach's und versetzte dem Knaben eine schallende Ohrfeige.

Die Nachbarn, die das mitangesehen hatten, machten dem Hodscha Vorwürfe:
"Hodscha, warum hast du denn das Kind geschlagen? Es hat doch den Krug noch garnicht zerbrochen".
Der Hodscha blickte die Nachbarn aufmerksam an. Dann meinte er:
"Und was nützt es mir, wenn ich den Jungen schlage, nachdem er den Krug zerbrochen hat?"

Jedem das Seine

Ein Mann, der nichts anderes zu tun hatte, als andere Leute zu beobachten und dann darüber zu klatschen, kam eines Tages zu dem Hodscha heran und sagte:
"Hodscha, da bringt gerade jemand ein Tablett Baklava!"
"Was geht mich das an?" fragte der Hodscha.
Darauf der Mann:
"Aber Hodscha, sie tragen es in Euer Haus!"
"Was geht dich das an?" lächelte der Hodscha.

Baklava = türk. Zuckergebäck.

Suchet, so werdet ihr finden

Eines Nachts spazierte der Hodscha durch die Straßen von Akşehir. Nachtwächter, die ihm begegneten, fragten ihn: "Hodscha, was suchst du um diese Zeit auf der Straße?" "Mir ist mein Schlaf abhandengekommen", war die Antwort. "Den gehe ich jetzt suchen".

Feuerwarnung

Eines Tages verbrannte sich der Hodscha bei der Suppe fürchterlich den Schlund. Er sprang auf, rannte auf die Straße und brüllte:
"Lauft weg, lauft weg! In mir brennt es, in mir brennt es!"

Unter Brüdern

Mitunter zog der Hodscha auf den Markt. Da saß er dann in einer Ecke und verkaufte zehn Eier um einen Silberling, obwohl er selber für neun Stück einen Silberling bezahlt hatte.
Seine Freunde wunderten sich darüber und fragten ihn: "Aber Hodscha, was ist denn das für ein Geschäft, bei dem du zehn Eier für einen Silberling verkaufst, deren neun du zuvor um einen Silberling erstanden hast?"
"Es geht nicht um's Geschäft", antwortete der Hodscha in aller Ruhe. "Hauptsache, die Leute sehen einen bei der Arbeit".

Reden ist Silber…

Der Hodscha spaziert über den Markt von Akşehir und sieht mit an, wie ein Vogel für zwei Silberlinge den Besitzer wechselt. Verwundert und erfreut zugleich läuft er nach Hause, schnappt sich seinen Truthahn und kehrt zum Markt zurück. Wenn für eine Handvoll Vogel zwei Silberlinge gezahlt werden, dann bringt mein Puter mir wenigstens zwanzig ein, denkt er sich. Niemand aber will mehr als zwei Silberlinge für den Truthahn zahlen. Der Hodscha versteht die Welt nicht mehr:

"Gerade eben noch ist ein winziger Vogel für zwei Silberlinge verkauft worden. Der hier ist mindestens zwanzig mal so groß wie jener. Und da soll ich ihn für zwei Silberlinge hergeben?"
"Aber Hodscha", sagen die Marktleute. "Das war ein Papagei, der sprechen konnte. Darum ist er so wertvoll".
Der Hodscha, ohne eine Miene zu verziehen:
"Herrschaften, jener kann sprechen. Dieser hier aber kann denken!"

Ist doch klar!

Eines Tages war dem Hodscha in der Moschee sein Talar abhanden gekommen. Die Anwesenden - Bekannte und Freunde - suchten überall, konnten ihn aber nicht finden, Schließlich sagte der Hodscha zu den ihn ratlos Umstehenden:
"Also - entweder Ihr findet den Talar, oder Ihr solle erleben, was ich mache!"
Es gab eine große Aufregung und die Suche begann von neuem. Andererseits waren die Leute aber auch neugierig, was der Hodscha denn wohl machen würde, falls der Talar verschwunden bliebe. Er fand sich aber schließlich doch noch an und man sagte dem Hodscha bescheid. Während dieser den Talar anzog, fragte einer der Anwesenden:
"Hodscha, was hättest du denn gemacht, wenn der Talar sich nicht angefunden hätte?"
"Was ich gemacht hätte?" war die gelassene Antwort.
"Ich wäre hingegangen und hätte mir einen neuen gekauft".

Die Rettung des Mondes

In Akşehir wird es im Sommer sehr heiß. In einer solchen heißen Sommernacht konnte der Hodscha nicht einschlafen und ging deshalb in den Garten, um sich am Rand des Brunnens zu erfrischen und einen Schluck Wasser zu trinken. Als er sich hinabbeugte, um Wasser hinaufzuziehen, erblickte er auf der Wasserfläche das Spiegelbild des Mondes.

"Um Himmels willen!" rief der Hodscha. "Der Mond ist in den Brunnen gefallen!"
Er ließ den Eimer sofort wieder hinunter, um den Mond aus dem Brunnen zu befreien. Beim Heraufziehen des gefüllten Eimers glitt er aus und fiel mit Gepolter auf den Rücken. Wie er so dalag, sah er den Mond strahlend am Himmel stehen. Er holte tief Atem: "Na, Gott sei Dank", schnaufte er. "Ich bin zwar hingefallen, aber den Mond habe ich doch aus dem Brunnen herausbekommen!"

Ohne Rezept…

Eines Tages hatte der Hodscha Appetit auf Lammleber. Auf dem Heimweg vom Leberverkäufer fragte ihn ein Nachbar:
"Na, Hodscha, hast du dir Leber gekauft?"
Der Hodscha erzählte von seinem Appetit auf Lammleber und daß es ihm gelungen sei, besonders frische Ware aufzutreiben.
Der Nachbar sagte:
"Hodscha, diese Leber kann nicht jeder zubereiten. Ich werde dir erklären wie man das macht".
Mit diesen Worten begann er dem Hodscha zu beschreiben, wie man gedünstete Lammleber zubereitet. Der Hodscha:
"Moment, Moment! Das kann ich mir nicht merken. Schreib es mir lieber auf!"
Das tat der Nachbar dann auch. Der Hodscha setzte nun seinen Weg fort, in einer Hand das Paket mit der Leber und in der anderen das Rezept für ihre Zubereitung. Auf einmal schwebte ein Milan herab, schnappte das Leberpäkchen und schwang sich wieder in die Lüfte. Der Hodscha rannte zwar hinterher, aber den zum Himmel auffliegenden Vogel konnte er natürlich nicht mehr fassen. Wütend wedelte er ihm mit dem Papier in der Hand hinterher:
"Freu dich nicht zu früh! Die gestohlene Leber wird dir nicht schmecken. Das Rezept habe ich noch!"

Kluge Kinderchen

Der Hodscha hatte sich die Taschen voller Pfirsiche gestopft und war losgezogen. Unterwe begegneten ihm Kinder, zu denen er sagte:
"Wer mir sagt, was ich in der Tasche habe, der kriegt den dicksten Pfirsich!"
Die Kinder schrien wie aus einem Mund:
"Pfirsiche!"
"Allah, Allah!" wunderte sich der Hodscha. "Wer hat Euch das bloß verraten?"

Radikalkur

Eines Tages kam ein Mann zu unserem Hodscha, der für seine sinnlosen Redereien bekannt war, und klagte:
"Hodscha, mich schmerzt der Kopf so sehr. Was soll ich bloß machen, daß der Schmerz aufhört?"
Der Hodscha, der den Mann kannte und ihn deshalb nicht für voll nahm, erwiderte:
"Schau mal, kürzlich schmerzte mich ein Zahn. Man riet mir, ich solle ihn mir ziehen lassen. Das habe ich getan, und weg war der Schmerz".

Besser als garnichts

Einmal träumte der Hodscha, die reichen Leute in Akşehir hätten unter sich 99 Silberlinge gesammelt, die sie dem Hodscha verehren wollten. Dieser erwachte mit den Worten:
"Unter hundert nehme ich's nicht, unter hundert nehme ich's nicht!"
Dann blickte er in seine Hand - leer. Schnell schloß er wieder die Augen und murmelte:
"Ach nein, Herrschaften, ich bin auch mit neunundneunzig zufrieden!"

Ich sage nichts mehr

Eines Tages hatte sich der Hodscha im Schatten eines Walnußbaumes zur Ruhe ausgestreckt. Dabei fiel sein Blick auf die Nüsse an dem Baum und auf die riesigen Kürbisse auf dem Feld nebenan.

"Was hat sich der liebe Gott bloß dabei gedacht?" sinnierte er. "Der riesige Baum trägt winzige Früchte und die kleine dünne Pflanze da am Boden diese gewaltigen Kürbisse!"
Da erhob sich ein Windstoß und dem Hodscha fiel eine Nuß auf den Kopf. Reuevoll blickte der Hodscha nach oben und sagte aufgeregt:

"Um Himmels Willen, mein Gott, mach lieber so weiter, wie du es für richtig hältst! Wenn du die Kürbisse hättest am Baum und die Nüsse auf dem Feld wachsen lassen, dann würde ich jetzt alt aussehen!"

''Schäm dich!''

Der Hodscha hatte einen Nachbarn, der die üble Angewohnheit besaß, dauernd borgen zu kommen, nicht dankeschön zu sagen und das Geborgte auch meistens nicht zurückzugeben. Der erschien nun eines Tages wieder einmal beim Hodscha und sagte:
''Unser Esel ist krank. Leih mir doch deinen, damit ich etwas auf den Markt bringen kann''.
Der Hodscha versuchte, den Mann loszuwerden, indem er sagte:
''Der Esel ist nicht hier. Ich habe Weizen zur Mühle geschickt''.
Der Nachbar war gerade im Begriff, wieder zu gehen, als aus dem Stall das laute ''I-A'' des Esels zu hören war. Der Nachbar sagte im Ton eines höchlichst Beleidigten:
''Sieh mal an, Hodscha! Ich denke der Esel ist nicht da?''
Der Hodscha blieb die Antwort nicht schuldig:
''Mir altem Weißbart willst du nicht glauben. Dem Esel aber glaubst du sofort. Schäm dich!''

Eine wässrige Sache

Da macht eines Tages ein Bauer dem Hodscha einen Hasen zum Geschenk. Der Hodscha läßt sich auch nicht lumpen, lädt den Bauern ein hereinzukommen und bewirtet ihn nach Kräften.
In der Woche darauf erscheint der Bauer wieder und sagt: "Ich bin der, der vergangene Woche einen Hasen gebracht hat".
Der Hodscha bittet auch diesmal den Bauern wieder herein, setzt ihm Suppe vor, stillt seinen Hunger. Dabei sagt er zum Scherz:
"Das ist die Brühe von deinem Hasen".
Darüber vergeht eine Woche. Nun erscheinen an der Tür des Hodscha mehrere Bauern, und sagen:
"Wir sind die Nachbarn des Bauern, der dir kürzlich einen Hasen gebracht hat".

Der Hodscha bewirtet auch diese Leute so gut er kann, setzt ihnen vor, was er da hat und wünscht ihnen am nächsten Morgen einen guten Heimweg.
Wieder vergeht eine Weile. Da klopft es eines Tages wieder an der Tür, und der Hodscha sieht sich einer Anzahl unbekannter Leute gegenüber.
"Bitteschön, Herrschaften", sagt er. "Was wollt Ihr von mir?"
"Hodscha Efendi", sagen die Leute, "Wir sind die Nachbarn der Nachbarn des Bauern, der dir den Hasen gebracht hat".
Der Hodscha läßt sich nichts anmerken, bittet auch diese Bauern herein.
Zur Essenzeit stellt er eine große Schüssel mit Wasser auf den Tisch. Als die Bauern erstaunt fragen:
"Aber Hodscha Efendi, was soll denn das sein?" da sagt der Hodscha:
"Das da? Das ist die Brühe von der Brühe des Hasen".

Überall, nur nicht…

Einmal wurde der Hodscha gefragt:
"Wo am Sarg sollte man beim Leichenbegängnis Aufstellung nehmen: davor, dahinter, rechts davon oder links davon? Wo ist es am gottgefälligsten?"
Der Hodscha war um die Antwort nicht verlegen:
"Das macht keinen Unterschied. Ihr müßt nur darauf achten, daß Ihr nicht darinnen liegt!"

Des Hodscha's Pantoffeln

Der Hodscha hatte sich schöne rote Pantoffeln gekauft. Zu jenen Zeiten war es den Kindern vorbehalten, solche schicken Pantoffeln zu tragen. Und so hatten es die Kinder aus der Nachbarschaft auf die neuen Fußbekleidungen des Hodscha's abgesehen. Sie überlegten, wie sie es wohl anstellen konnten, dem Hodscha seine schönen neuen Pantoffeln auszuspannen. Es gelang ihnen jedoch bei aller Mühe nicht, den Hodscha von seinen Pantoffeln, oder die Pantoffeln vom Hodscha zu trennen. Der Hodscha hatte das natürlich längst bemerkt, wollte es aber die Kinder nicht spüren lassen und zog es vor, auf seiner Hut zu sein, um die Kleinen nicht zu kränken.
Die hatten eines Tages an einer Stelle Posten gefasst, an der der Hodscha vorüberzukommen pflegte. An dieser Stelle gab es einen sehr hohen Baum. Des Hodscha's ansichtig geworden, fingen sie an zu schreien:
"Der Hodscha kommt nicht auf den Baum hinauf! Der Hodscha kommt nicht auf den Baum hinauf:"

Der Hodscha aber trat wortlos näher, zog seine Pantoffeln aus, schob sie in die Taschen seines Talars und begann in aller Ruhe den Baum zu erklettern.
Das passte den Kindern natürlich nicht in ihren Plan. Deshalb riefen sie:
"Hodscha, was willst du denn auf dem Baum mit den Pantoffeln? Wirf sie herunter, sie behindern dich nur beim Klettern!"
Der Hodscha ließ sich nicht aus der Ruhe bringen. Weiter den Stamm hinaufkletternd, sagte er:
"Was wißt denn Ihr! Sicher ist sicher; vielleicht geht der Weg da oben weiter. Dann brauche ich meine Pantoffeln.

Tierliebe

Eines Tages hatte der Hodscha auf dem Markt große Einkäufe gemacht. Die bis oben hin vollgepackte Doppeltasche hatte er sich über die Schulter gehängt, seinen Esel bestiegen und den Ritt ins Heimatdorf angetreten. Unterwegs spielten Kinder am Straßenrand, die dem Hodscha erstaunt zuriefen:
"Hodscha, warum hast du dir denn die Tasche umgehängt? Leg sie doch dem Esel auf den Sattel, damit du es bequemer hast?"
"Aber nein, Kinder", wehrte der Hodscha ab. "Ich kann dem armen Tier nicht zumuten, daß es außer mir auch noch meine Tasche trägt".

Der weise Turban

Da hatte ein Mann aus einem fernen Land einen Brief erhalten, den ihm keiner vorlesen konnte, weil man die Sprache nicht verstand. Der ratlose Mann traf unseren Hodscha an, wie er gerade das Haus verließ. Diesen hatte man wegen einer Erkrankung des Kadi's von Akşehir zu dessen Stellvertreter ernannt.
Beim Anblick des Hodscha's kam der Mann herbeigelaufen und bat:
"Ach, Hodscha, bitte lies mir doch einmal diesen Brief vor. Ich habe ihn schon so vielen Leuten gezeigt, aber keiner hat ihn entziffern können".
Der Hodscha nahm den Brief, drehte ihn in den Händen hin und her und gab ihn schließlich mit den Worten zurück:
"Das ist arabisch. Das kann ich nicht. Du mußt ihn dir von einem vorlesen lassen, der arabisch versteht".
Böse und enttäuscht sagte der Mann:
"Schäm dich! Und du willst ein Hodscha sein. Ja, sogar zum Kadi haben sie dich gemacht. Wenn du dich schon nicht deiner selbst schämst, dann schäme dich wenigstens des Riesenturbans, den du auf dem Kopf hast!"
Das nahm ihm der Hodscha schwer übel. Er setzte den Turban ab, stülpte ihn dem Mann auf den Kopf und raunzte ihn an:
"Also los! Wenn du meinst, die Weisheit steckt in dem Turban, dann lies mal schnell den Brief vor!"

Zu kurz geraten

Eines schönen Morgens müht der Hodscha sich damit ab, sich seinen Turban zu wickeln, bringt es aber irgendwie nicht fertig, daß das Ende des Tüllschals nach hinten kommt. Dadurch fehlt es dem Turban an Paßform und er sitzt nicht richtig. Schließlich ist der Hodscha der Sache überdrüssig und er entschließt sich, den Turban auf dem Markt zu verkaufen.

Dort findet sich auch richtig ein naiver Mensch, der die widerspenstige Kopfbedeckung kaufen will. Der Hodscha aber ist so böse auf den Turban, daß er dem Mann warnend ins Ohr zischelt:
"Um Himmels Willen, guter Mann, laß dir ja nicht einfallen, diesen Turban zu kaufen! Der reicht nämlich nicht bis nach hinten!"

Es recht zu machen jedermann…

Eines Tages war der Hodscha zusammen mit seinem Sohn auf dem Heimweg ins Dorf. Dabei saß der Vater auf dem Esel und der Junge trottete hinterher. Einige Leute, die das sahen, regten sich auf:
"Jetzt seht euch das an! Das sitzt der große Kerl bequem im Sattel, und der kleine Junge muß laufen!"

Daraufhin stieg der Hodscha ab und ließ seinen Sohn aufsitzen. Nachdem sie eine Weile so ihren Weg fortgesetzt hatten, begegneten sie wiederum einigen Leuten, die sich äusserten:

"Ach, Hodscha, da gehst du armer alter Mann zu Fuß und der stramme junge Bursche sitzt auf dem Esel! Bei Gott und den Menschen: das geht doch wirklich nicht!"
Der Hodscha sah das ein und stieg deshalb zu seinem Sohn auf den Esel. Das ging eine Weile gut, bis ihnen ein Mann entgegenkam, der sie furchtbar ausschimpfte:
"Habt Ihr denn überhaupt kein Mitleid mit dem armen Tier? Von ihm zu verlangen, daß es Euch beide gleichzeitig tragen soll!"
Nun stiegen beide - der Hodscha und sein Sohn - vom Esel herunter und gingen zu Fuß hinter diesem her. Dies sah ein Bauer und meinte kopfschüttelnd:
"Allah, Allah, was gibt es bloß für hirnlose Menschen auf der Welt! Anstatt auf dem Esel zu reiten, gehen Vater und Sohn zu Fuß, während der Esel sich einen schönen Tag macht".

Dem Hodscha riß der Geduldsfaden:
"Mein Sohn!" rief er aus. "Wenn du es jedem recht machen willst, dann weißt du am Ende nicht mehr, wo dir der Kopf steht. Das Beste ist, du machst es immer so, wie du es gewöhnt bist."
Sprach's, setzte seinen Sohn wieder auf den Esel, stieg selber dazu und lenkte das Tier weiter in Richtung Heimat.

Vater's Sohn

Der Hodscha hatte einen Sohn, der so widerborstig war, daß er stets das Gegeteil von dem tat, was man von ihm verlangte. Sagte der Vater: geh nach rechts, dann bog er nach links, hieß es: nach links, dann nach rechts ab. Sollte er gehen, so blieb er stehen, forderte man ihn auf, stehenzubleiben, so ging er einfach weiter. Der Hodscha, der diesen Charakterzug seines Sprößlings kannte, stellte sich darauf ein, indem er darauf achtgab, daß das Kind sich nicht kränkte, andererseits aber auch den Leuten keinen Schaden verursachte.

Eines Tages kamen Vater und Sohn von der Mühle, wo sie ihren Weizen hatten mahlen lassen. Beim Überqueren eines Baches bemerkte der Hodscha, daß der Mehlsack, den der Esel Trug, nach einer Seite wegzugleiten begann. Weil er die Widerborstigkeit seines Knaben kannte, sagte der Hodscha:
"Mein Sohn, stoß den Sack ins Wasser!"
Der Junge dachte bei sich:
"Ich mache immer das Gegenteil von dem, was mein Vater mir sagt. Danach ist er dann immer traurig und ich schäme mich. Also will ich wenigstens einmal machen, was er sagt".
Gesagt, getan: ein kurzer Ruck und der Sack lag im Wasser. Der Hodscha schrie aufgeregt los:
"Jetzt schau, was du angestellt hast!"
Der Junge maulte:
"Das hat man davon, daß man tut, was einem gesagt wird!"

Alles klar?

Der Kinder von Akşehir stehen in dem Ruf, besonders klug und lustig zu sein. Ihren Hodscha liebten sie über alles und bekamen nie genug, wenn es darum ging, ihm einen Streich zu spielen. Der Hodscha seinerseits hatte die kleinen Racker ebenfalls ins Herz geschlossen und pflegte es jeweils so zu drehen, daß die harmlosen Streiche in eine kleine Lektion einmündeten.

So spielten wieder einmal einige Kinder an einem heißen Sommertag am Bachufer, als sie den Hodscha herankommen sahen. Sofort fingen sie an zu schreien:
"Hodscha, Hodscha, unsere Füße haben sich verheddert, wir kriegen sie nicht aus dem Wasser!"
Der Hodscha versetzte ihnen mit seinem Stock ein paar Schläge auf die Füße, und als jeder, der einen Hieb bekam, schnell aufsprang, schmunzelte er:
"Na, habt Ihr jetzt Eure Füße wiedergefunden?"

Ein Experiment

Eines Tages hatte der Hodscha vom Minarett herunter zum Gebet gerufen. Anschließend kam er schnell die Treppe herunter und fing an davonzurennen, wobei er mit dem Gebetsruf fortfuhr. Leute auf der Straße wunderten sich darüber und stellten sich ihm in den Weg:
"Hodscha, warum rufst du denn und läufst gleichzeitig weg?"
Der Hodscha (weiterlaufend):
"Jetzt nicht fragen, jetzt nicht fragen! Ich laufe meiner Stimme hinterher. Mal sehen, wie weit sie reicht!"

Empfangsvorbereitung

Einmal war der Hodscha an den Bach gegangen, um seinen Krug mit Wasser zu füllen. Dabei entglitt ihm der Krug und schwamm zunächst auf der Wasseroberfläche davon, um dann langsam unterzugehen. Der Hodscha blieb am Bachufer sitzen und wartete. Leute, die das sahen, fragten ihn: "Hodscha, worauf wartest du denn hier?"

Ohne den Blick vom Wasser abzuwenden, erwiderte der Hodscha:
"Der Krug ist ins Wasser getaucht. Ich warte darauf, daß er auftaucht, um ihm um den Hals zu fallen."

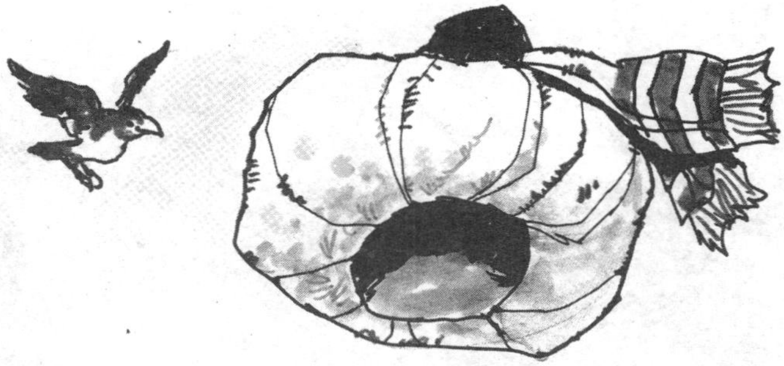

Altes Herz wird wieder jung

Die Kinder aus der Nachbarschaft spielten vor dem Haus des Hodscha's mit einem Stoffball. Der Hodscha fand am fröhlichen Treiben der Kinder solchen Gefallen, daß er sich unversehens dabei ertappte, wie er zusammen mit ihnen herumtollte. Es dauerte nicht lange und einer der kleinen Tunichtgute hatte dem Hodscha den Turban vom Kopf gerissen und warf ihn seinen

Kameraden zu. Nun hatte der selbstgefertigte Stoffball Pause und man spielte über den Kopf des Hodscha's hinweg mit dessen Turban. Der Hodscha rannte umher, mal nach rechts, mal nach links und versuchte, die Würde seines Hauptes wieder einzufangen. Das dauerte so eine ganze Weile. Schließlich ermüdete er und sah ein, daß es ihm nicht gelingen würde, seinen Turban aus den Händen der Plagegeister zu befreien.
Als er sein Haus betrat, fragte ihn seine Frau:
"Nanu, Hodscha, wo hast du denn deinen Turban gelassen?"
"Wo wird er schon sein, Frau", schnaufte der Hodscha.
"Seine Kindheit ist ihm eingefallen, und jetzt spielt er mit den Nachbarskindern".

Ein "voller" Monat

Zu Lebzeiten unseres Hodscha's Nasreddin pflegte man weder einen Kalender im Hause zu haben, noch irgendein Gerät, an dem man die Monatstage kenntlich machen konnte. Um daher immer zu wissen, der wievielte Tag im Monat es jeweils war, hatte der Hodscha im Vorratsraum einen irdenen Topf aufgestellt, in den er - beginnend mit dem Monatsersten - jeden Tag ein Steinchen warf. Diesen Topf pflegte des Hodscha's Söhnchen hin und wieder zu besuchen und unbemerkt eine Handvoll Steinchen hineinzuwerfen.
Eines Tages stritten die Nachbarn des Hodscha's sich darum der Wievielte heute wohl sei. Schließlich entschlossen sie sich, den Hodscha zu befragen. Dieser begab sich ernsthaft und würdevoll in seine Vorratskammer und zählte die Steinchen, die in dem Topf lagen: es waren einhundertundzwanzig Stück!
Jetzt kam der Hodscha zurück und sagte zu den Nachbarn: "Heute ist der Dreiundvierzigste".
"Aber Hodscha", kopfschüttelten die Nachbarn. "Welcher Monat hat denn dreiundvierzig Tage?"
"Freunde", sprach der Hodscha. "Ihr solltet froh sein, daß ich ein einsichtiger Mensch bin. Wenn es nach meinem Topf geht, dann ist heute der Einhundertzwanzigste".

Voll besetzt

Ein Plappermaul fragt den Hodscha:
"Hodscha, wie lange werden die Menschen wohl fortfahren geboren zu werden und zu sterben?"
Der Hodscha antwortet dem Faselkopf:
"Bis Himmel und Hölle voll besetzt sind".

Kamele auf den Dächern?

Der Hodscha predigte in einer Moschee:
"Wir wollen Gott danken, daß er den Kamelen keine Flügel gemacht hat!"
"Warum denn das, Hodscha?" wollte einer aus der Gemeinde wissen.
Der Hodscha:
"Hätte er den Kamelen Flügel gemacht, dann wären Eure Dächer schon lange eingestürzt".

Zu großer Aufwand

Ein Nachbar spendiert dem Hodscha zwei Schoten Johannisbrot. Der Hodscha weist die Gabe mit einem "Nein, danke!" zurück. Der Mann ist gekränkt und will wissen, warum der Hodscha das Geschenk nicht haben will.
"Für ein bißchen süßen Geschmack kaue ich keinen Klafter Holz", sagt der Hodscha.

Zwei Herzen, ein Gedanke

Eines Tages erlaubt sich der Hodscha mit seinem Nachbarn einen Spaß, indem er sich eine von dessen Gänsen unter den Talar knöpft und wegschleicht.
Unterwegs sagt er sich: 'Ich will doch mal sehen, was die Gans macht'. Als er den Talar aufknöpft, steckt die Gans den Kopf heraus und macht: "Schschscht!"
"Eine kluge Gans bist du!" lobt der Hodscha. "Das wollte ich auch gerade zu dir sagen!"

Ein fremder Esel

Eines Tages kommt einem ebenso reichen wie eingebildeten Mann Akşehir's ein Esel abhanden. Jedermann zieht aus, den Esel des reichen Mannes zu suchen. Auch den Hodscha fordert man auf, sich an der Eselssuche zu beteiligen.
Der Hodscha ärgert sich darüber gewaltig, möchte aber auch niemanden kränken. Also wandert er durch die Obstgärten und über die Gemüsefelder den Esel suchen und singt sich dabei ein Lied. Die Leute, die sich nicht erklären können, wie sich Eselsuchen und Liedersingen miteinander vereinbaren lassen, fragen den Hodscha verwundert:

"Was treibst du eigentlich, Hodscha?"
"Seht Ihr das denn nicht? Ich suche den Esel", sagt der Hodscha ernsthaft.
"Was denn, sucht man so nach einem Esel?" wundern sich die Leute.
Der Hodscha, den die ganze Sache verdrießt, antwortet grantig:
"Einen fremden Esel schon!"

"Wohin denn sonst?"

Des Hodscha's im Dienst ergrauter Esel war erkrankt. Also kaufte der Hodscha sich ein Maultier und wollte gleich aufsteigen, um herauszufinden, ob es Mucken habe und welche. Das Muli stellte sich als überaus störrisch heraus. Mit Mühe und Not gelang es dem Hodscha, in den Sattel zu klettern, als das Viehzeug auch schon mit ihm durchging. Das sahen einige Leute mit an, die hinterherriefen:
"Hallo, Hodscha! Wohin so eilig?"
"Wohin das Maultier will", rief der Hodscha. "Bleibt mir etwas anderes übrig?"

Ausgleich

Der Hodscha wurde eines Tages von einem ebenso wißbegierigen wie schalkhaften Freund gefragt:

"Hodscha, ich würde allzu gern wissen, warum die Menschen morgens in verschiedene Richtungen davongehen. Könnten die nicht ebenso gut in die gleiche Richtung gehen?"
Der Hodscha strich sich bedächtig den Bart und meinte:
"Das tun sie, damit die Welt nicht aus dem Gleichgewicht gerät. Gingen alle in die gleiche Richtung, dann würde die Welt nach dieser Seite hin umkippen und wir alle würden herunterfallen".

Die falsche Tür

Eines Abends klopfte es an des Hodscha's Tür. Der schaute aus dem Fenster und sah einen Fremden vor der Tür stehen.

Auf die Frage nach seinem Begehren sagt der Mann:
"Ich komme von weit her, bin ein Gottesgast".
"Sei willkommen", sagt der Hodscha. "Aber dann ist das hier die falsche Tür. Da drüben mußt du anklopfen", und zeigt auf die gegenüberliegende Moschee.

Lehrzeit - Leerzeit?

Schon in frühester Jugend war Hodscha Nasreddin für seine schlagfertigen Antworten bekannt, mit denen er die Menschen zum Staunen und Nachdenken brachte.

Nasreddin's Mutter hatte sich gewünscht, daß ihr Sohn ein Handwerk erlernt, um sich später sein Brot verdienen zu können und ihn deshalb zu einem Schneider in die Lehre gegeben. Nachdem eine längere Zeit vergangen war, rief sie den Kleinen herbei und sagte:
"Nun laß einmal hören, Nasreddin, was du so alles gelernt hast".
"Mütterchen", versetzte dieser. "Zur einen Hälfte habe ich den Beruf schon erlernt: ich trenne Genähtes auf. Wenn ich lange genug lebe, werde ich womöglich auch noch das Nähen lernen".

Ein großer Fisch

Eines Tages erschienen die Freunde des Hodscha's bei diesem und drängten ihn, sie zum Fischen am Akşehir-See zu begleiten. Nun hielt der Hodscha nichts vom Jagen und Fischen. Aber die Freunde drängten so lange, bis er nachgab. Sie begaben sich also miteinander zum Seeufer, wo der Hodscha zusah, wie die Leute ihre Angeln auswarfen. Plötzlich ließ er sich ins Wasser fallen.

Die Freunde schrien:
"Hodscha, was machst du denn?"
"Nichts besonderes", antwortete der Hodscha. "Ich habe mich nur für einen Fisch gehalten".

Nochmal Glück gehabt!

Eines Tages war dem Hodscha der Esel abhanden gekommen.
Während er überall nach diesem suchte, sprach er gleichzeitig mit lauter Stimme ein Dankgebet nach dem anderen.
Man fragte ihn:
"Hodscha, eines ist uns klar: du suchst deinen Esel. Warum aber dankst du dabei Gott in einem?"
"Herrschaften", erwiderte der Hodscha gemächlich. "Hätte ich auf dem Esel gesessen, dann wäre ich jetzt zusammen mit ihm verlorengegangen. Muß ich da Gott nicht dankbar sein?"

Die richtige Antwort

Eines Tages war der Hodscha auf das Dach gestiegen, um es zu reparieren. Während er arbeitete, hörte er es an die Tür klopfen. Er blickte hinunter und sah einen Bettler vor der Tür stehen. Der Bettler rief ihm zu:
"Würdest du mal herunterkommen?"
Mühsam kletterte der Hodscha die Leiter hinunter. Als er schnaufend unten angekommen war, sagte der Bettler:
"Um Gottes Willen, eine milde Gabe!"
Der Hodscha, sauer darüber, daß der Mann ihn dafür zu der Klettertour veranlaßt hatte, flüsterte diesem ins Ohr:
"Würdest du mal mit nach oben kommen?"
Auf dem Dach angekommen, sagte der Hodscha:
"Ich habe kein Kleingeld dabei. Laß es dir von Gott geben!"

Kleider machen Leute

Einer der reichen Leute Akşehir's hatte zu einem Gastessen geladen, unter anderem auch den Hodscha. Als dieser in seiner tagtäglichen Kleidung erschien, schenkte man ihm keine Beachtung. Noch nicht einmal zum Platznehmen an der Tafel wurde er aufgefordert. Daraufhin entfernte sich der Hodscha stillschweigend und ging nach Hause, wo er seinen Pelzmantel anzog und seinen Turban auf neue

Form brachte. Dann begab er sich würdevollen Schrittes aufs neue in das Haus des Gastgebers. Hier wurde er nun schon an der Tür ehrerbietig empfangen und ihm der Ehrenplatz an der Tafel zugewiesen. Vorgelegt wurde ihm nur vom Besten und Schönsten. Der Hodscha aber rührte nichts an. Er packte einen Zipfel seines Pelzmantels, hielt ihn an die Speisen und sagte laut und vernehmlich:
"Iß nur, mein Pelz, iß nur!"

Logisch

Eines Tages fragte ein Nachbar beim Hodscha an:
"Hodscha Efendi, hast du vierzig Jahre alten Essig?"
Als der Hodscha dies bejahte, bat der Nachbar:
"Würdest du mir davon wohl eine Tasse voll ablassen?"
Ohne sich zu besinnen erwiderte der Hodscha:
"Das kann ich nicht tun. Wenn ich jedem, der mich um Essig gebeten hat, welchen gegeben hätte, was wäre in den vierzig Jahren wohl davon übriggeblieben?"

Wenn Ihr es nicht glaubt…

Eines Tages wollten sich die Nachbarn mit dem Hodscha ihren Spaß machen und fragten ihn:
"Hodscha, du bist doch ein weiser, erfahrener Mann. Es würde uns interessieren, wo wohl der Mittelpunkt der Welt liegt".

Der Hodscha antwortete ohne Zögern:
''Hier, wo ich gerade stehe''.
''Was ist denn das für eine Antwort?'' lachten die Nachbarn.
''Wenn Ihr es nicht glaubt'', meinte der Hodscha gelassen, ''dann meßt es nach!''

Wiederverwendung

Ein Witzbold fragte den Hodscha:
"Hodscha, was geschieht eigentlich mit den abgelaufenen Monden (Monaten)?"

Der Hodscha überlegte kurz und gab dann zur Antwort:
"Die werden zerkleinert und zu Sternen verarbeitet!"

Der Grund ist klar

Der Hodscha ist in einem Nachbardorf zu Gast geladen.
Die angesehenen Einwohner des Dorfes sind um ihn versammelt und die Unterhaltung zieht sich immer mehr in die Länge, ohne daß ihn jemand fragt, ob er womöglich Hunger habe. Schließlich stellt einer der Anwesenden die Frage:
"Hodscha, warum wohl gähnen die Menschen?"

Der Hodscha nützt die gute Gelegenheit aus, um sein Hauptanliegen an den Mann zu bringen:
"Bei Gott", sagt er. "Der Mensch gähnt entweder, weil er Hunger hat oder weil er müde ist." Dabei gähnt er herzhaft, daß die Kiefergelenke knacken. "Ich zum Beispiel gähne nicht aus Müdigkeit".

Gemeinsam stirbt es sich besser

Eines Abends ist der Hodscha zum Essen geladen. Die Tafel wird gedeckt und man nimmt eine warme Mahlzeit zu sich. Es ist eine heiße Sommernacht und jeder ist ins Dampfen geraten. Schließlich bietet der Hausherr seinen Gästen eine herrliche Fruchtkaltschale an. Vor jeden stellt er einen winzigen Napf hin, er selber aber macht sich über die große Schüssel her. Bei jedem Löffel schnauft er voller Wonne:

"Oh, dafür sterbe ich, dafür sterbe ich!" und wiegt sich vor Entzücken von einer Seite auf die andere.
Der Hodscha und die übrigen Gäste, die im Handumdrehen mit ihren kleinen Portionen fertig sind, schauen sich das mit offenen Mündern eine Weile an. Schließlich nimmt der Hodscha dem Hausherrn die Schüssel kurzerhand ab:
"Gestatte, Efendi!" sagt er. "Wir wollen auch einmal sterben!"

Der übereifrige Esel

Der Hodscha zog eines Tages mit seinem Esel durch das Stadtviertel, um Essiggemüse zu verkaufen. Immer, wenn er schrie:
"Essiggemüse! Essiggemüse!"
erhob auch der Esel seine Stimme und schrie zum Steinerweichen.
Schließlich wurde es dem Hodscha zu viel. Er schimpfte:
"Was brüllst du so, du Viehzeug? Verkaufst du hier Essiggemüse oder ich?"

Durch die Blume

Einmal war der Hodscha auf einer Reise in ein ihm unbekanntes Dorf gekommen. Er überlegte, wo er wohl ein Unterkommen finden könnte und lud sich schließlich beim Imam des Dorfes zu Gast. Schon bald nachdem er den Hodscha bei sich aufgenommen hatte, fragte er: "Hodscha Efendi, bist du müde oder bist du durstig?"

Der Hodscha, der aus dieser Fragestellung ersah, daß der Imam ein Geizhals war, antwortete:
"Imam Efendi, bevor ich hier ankam, habe ich unterwegs bei einer Quelle ausgiebig geschlafen".

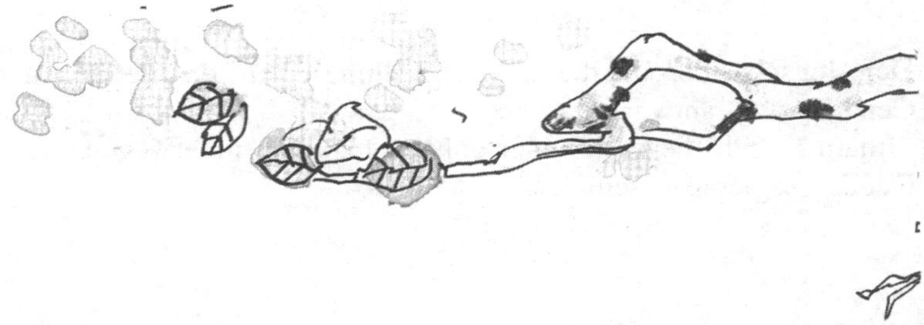

Wie macht man das?

Einmal wurde der Hodscha gefragt:
"Hodscha, was muß man tun, damit aus einem etwas wird?"
Der Hodscha erwiderte, indem er versonnen den Kopf wiegte:
"Wenn einer etwas sagt, dann soll man zuhören. Wenn man Zuhörer hat, dann soll man etwas sagen".

Vorwitzige Nasen

Der Hodscha verspürte Appetit auf eine gute Suppe. Er sagte zu seiner Frau:
"Wie wäre es denn mit einer dampfenden Suppe, reichlich mit getrockneter Minze überstreut und so richtig schön sämig eingekocht?"
Kaum hatte er das ausgesprochen, als es an der Tür klopfte. Es war der Sohn des Nachbarn mit einer Schüssel in der Hand:
"Mutter ist krank. Würdet Ihr uns wohl etwas Suppe geben, wenn Ihr welche habt?"
Der Hodscha wunderte sich im Stillen:
"Allah Allah! Jetzt riechen die Nachbarn schon, was man phantasiert!"

Hereingefallen

In seiner Kindheit hatte Nasreddin einen eigensinnigen und eingebildeten Spielgefährten, mit dem ein schlechtes Auskommen war. Der war so von sich eingenommen, daß er stets und überall sagte:
"Mich führt keiner hinters Licht. Mit mir wird keiner fertig".
Wie alle anderen Kameraden, so mochte der kleine Nasreddin auch diesen Angeber im Grunde gern, überlegte aber, wie er ihm bei passender Gelegenheit eine Lektion erteilen konnte. So sagte er eines Tages zu ihm:
"Gib nicht so an, sonst lege ich dich eines Tages einmal ordentlich herein!"
Der Prahler blies sich auf:

"Ich falle auf keinen herein, da können noch ganz andere Kerle kommen als du!"
"Nun gut", versetzte Nasreddin. "Dann warte hier auf mich. Ich habe etwas dringendes zu erledigen. Wenn ich zurück bin, dann werde ich dir zeigen, wie man jemanden hereinlegt".
Nasreddin enfernte sich und der Junge verlegte sich aufs warten. So vergingen mehrere Stunden, ohne daß Nasreddin sich sehen ließ. Schließlich wurde es Abend und die Kinder des Stadtviertels gingen einer nach dem anderen nach Hause. Ein Junge, der vorüberkam, sah den mitten auf der Straße wartenden Angeber und fragte ihn:
"Warum stehst du denn da so herum?"
Der Angeber erzählte nun, was Nasreddin zu ihm gesagt hatte. Der Junge lachte laut auf:
"Damit hat er dich ja schon hereingelegt. Noch schöner hereinfallen kann man ja garnicht!"
Jetzt ließ der Angeber den Kopf sinken und machte sich auf den Heimweg.

Auch ein Trost

Akşehir machte einen harten Winter durch. Alles war knapp geworden, sowohl die Lebensmittel als auch das Futter für die Tiere wie Heu, Stroh oder Kleie. Entweder war es überhaupt nicht zu haben oder es kostete soviel Geld, daß man es sich nicht leisten konnte. Der Hodscha versuchte seinen geliebten Esel mit einer Handvoll Kleie und ein wenig Heu über den Winter zu bringen. Der Esel aber wurde von Tag zu Tag magerer und kraftloser.

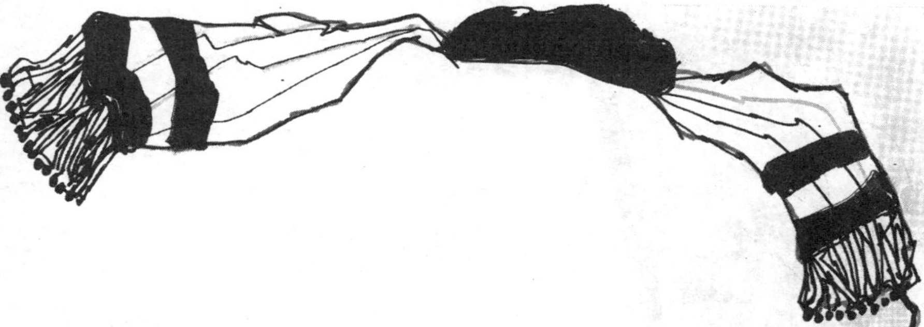

Der Hodscha ging jeden Tag zu ihm in den Stall und versuchte ihn hinzuhalten:
"Mein Schnellfüßiger, mein Schwarzäugiger, mein Eselchen, stirb mir nur nicht. Schau, wenn erst der Sommer da ist und der Klee heranwächst und ich dir davon zu fressen gebe, dann sollst du sehen, wie schön die Welt ist".

An die Nachfahren denken

Hodscha Nasreddin liebte es über alles, im Garten zu arbeiten, den Boden zu bestellen und junge Bäumchen zu setzen. Damit verbrachte er den größten Teil seiner freien Zeit. Eines Tages fragte ihn ein Bekannter:
"Hodscha, du steckst und setzt in einem fort junge Bäumchen. Was willst du bloß damit anfangen? Was glaubst du denn, wann die heranwachsen, Früchte tragen und du sie essen kannst?"

Bedächtig und mit einem feinen Lächeln antwortete der Hodscha:
"Ob wir wohl Obst essen könnten, wenn unsere Vorfahren keine Bäume gepflanzt hätten? Die Früchte von diesen hier werden unsere Nachfahren essen. Was ist daran so verwunderlich?"